La permaculture en pratique

La permaculture au potager et au verger

Sommaire

À la découverte de la permaculture

La permaculture n'a rien de compliqué et ce n'est pas un concept difficile à saisir. C'est surtout un état d'esprit dans lequel on envisage la nature de façon globale, et non pas comme une série de problèmes à résoudre.

L'exemple de la nature

À l'origine de la démarche en permaculture, il y a l'observation des milieux naturels.

Un potager bio : la permaculture fait plus productif et sans traitements.

Les forêts ne sont jamais arrosées, les prairies naturelles ne sont jamais désherbées et dans la nature, personne n'étale d'engrais. Pourtant, ces systèmes sont en relative harmonie et stables. Ils peuvent durer des milliers d'années. Pourquoi ? Parce qu'il s'y est créé un équilibre parfait selon un cycle complexe qui fait appel à une palette végétale complète et une foule d'animaux. En regard, le jardin classique ne tient que par l'action de l'homme parce que le jardin est un espace complètement déséquilibré, centré sur la croissance de quelques végétaux seulement.

BIEN PLUS QUE DU BIO

Le jardin bio consiste avant tout à renoncer aux pesticides, mais avec l'entrée en vigueur de lois bannissant les produits chimiques dans les jardins d'amateurs, tous les jardins seront bio au sens strict. Les jardins bio ont souvent une préoccupation particulière pour la vie au jardin (vie animale mais pas seulement), que l'on cherche à favoriser. Mais cela est souvent vu dans une perspective utilitaire (on parle d'alliés, d'auxiliaires du jardin), les animaux qui n'interagissent pas avec les cultures étant peu considérés. Surtout, le jardin bio ne remet pas en cause le modèle traditionnel import-export dans lequel on apporte des engrais et de la matière organique (c'est l'import), pour en retirer des récoltes (c'est l'export).

LE JARDIN GLOBAL

La permaculture voit le jardin comme un « habitat », c'est-à-dire le milieu de vie naturel d'un certain nombre d'êtres vivants. Votre terrain constitue ainsi l'habitat de plantes et d'animaux, pas forcément sauvages puisqu'il s'agit pour la plupart de ceux que vous avez choisi. La permaculture va consister à organiser votre jardin de façon à ce qu'il constitue un habitat naturel pour eux. Les imports et les exports sont limités à votre stricte consommation.
La permaculture est une expérience de sobriété sans renoncer à l'efficacité…

À SAVOIR

Pas qu'une question de mots

À côté de la permaculture, vous croiserez d'autres termes qui s'appliquent à des méthodes de jardinage plus respectueuses de l'environnement que le jardinage standard.

Biodynamie

Cette approche repose sur la conviction que le jardin s'inscrit dans une échelle plus large qui relie les éléments de l'Univers (un continuum), selon des forces (de l'énergie) dont la perception échappe à l'homme. Dans les faits, à l'exception de quelques techniques propres à la biodynamie, le jardin conduit selon cette approche est très semblable au jardin bio. Certains lui attribuent une dimension ésotérique.

Durable

Le jardinage durable, au-delà du bio, choisit les méthodes et les matériaux qui ont le moindre impact environnemental. Les méthodes sont celles du jardin bio. On reproche au durable son côté consumériste.

Trois exemples dans le jardin de Joseph Chauffrey : associer haricots et maïs (à gauche), cultiver par petits espaces (au centre), soigner les auxiliaires (à droite).

Le principe de la permaculture

Puisque la permaculture repose sur la création d'un habitat naturel, elle a pour conséquence intéressante de réduire un certain nombre de travaux. Mais il faut bien s'organiser.

Démarrer en permaculture, ce n'est pas couvrir son jardin de paille. C'est avant tout bien réfléchir pour bien s'organiser et non pas appliquer des recettes toutes faites, même si la permaculture n'échappe pas à certains clichés.

UNE SUITE LOGIQUE

Se mettre à la permaculture demande de suivre une suite d'étapes qui fait appel au bon sens :

- **observer votre terrain** et tout ce qui s'y passe ;
- **étudier les interfaces**, c'est-à-dire les limites entre des conditions différentes (lisières, haies, etc.)
- **penser aux flux**, c'est-à-dire aux échanges de toute nature ;
- **s'organiser pour que le jardin fonctionne de façon quasiment autonome ;**
- **concevoir la maintenance** afin de préserver cet équilibre.

SAVOIR-FAIRE
Jardin Chauffrey

Joseph Chauffrey, passionné d'environnement, n'avait jamais beaucoup jardiné lorsqu'il a acheté sa maison de centre-ville, à Sotteville-lès-Rouen (Seine Maritime). La permaculture lui a donné l'occasion de tendre vers une production optimale, puisqu'il récolte 300 kg de fruits et de légumes sur seulement 150 m², grâce à la permaculture. Mais pour y parvenir, il doit consacrer des soins constants et songer au moindre détail, même si les choses se sont mises en place progressivement.

La permaculture, ce n'est pas un jardin sans aucune intervention comme on l'entend parfois...

La haie variée, indispensable pour l'effet de lisière et sa multifonctionnalité.

L'OBSERVATION

Cette première étape va vous conduire à faire une sorte de diagnostic de votre jardin, même s'il ne s'agit que de remblais terrassés autour d'une construction neuve. Plus le jardin est ancien et grand, et plus il se passe de choses. Si vous ne consacrez pas de temps à cette phase d'observation de votre jardin, vous allez au-delà de déconvenues garanties à 100 %. En plus de ne pas obtenir ce que vous souhaitez, vous risqueriez de perdre du temps et de vous abîmer la santé pour rien. C'est pour cela que le diagnostic est crucial et heureusement, il y a des tas de renseignements à notre portée (voir pp. 18 à 23).

LES INTERFACES

Dans la nature, on parle d'**« effet lisière »** pour désigner ce phénomène curieux qui veut que la vie soit beaucoup plus profuse et variée à la limite entre deux milieux naturels. Une lisière est plus riche que le bois ou que le champ qui l'entoure, le bord d'une mare semble plus « vivant » que l'eau ou la terre ferme. Dans un jardin, c'est un peu pareil et les points de contact entre des milieux différents (pelouse, haies, arbres, massifs…) correspondent à des lisières avec des phénomènes intéressants (voir pp. 18 et 19).

À SAVOIR

Pour approfondir

L'association Brin de Paille (en référence à un ouvrage fondateur de la permaculture) offre des conseils aux jardiniers grâce à ses correspondants locaux : www.asso.permaculture.fr

LES FLUX

Un jardin, ce n'est pas une boîte même si les haies sont hautes ou qu'il est entouré de murs. Des tas d'éléments y transitent : l'eau (ne serait-ce que la pluie), la lumière, les gaz (les plantes transforment le dioxyde de carbone en sucre), diverses matières (tout ce que vous apportez et que vous retirez), des animaux (qui volent ou qui marchent), etc. Et il faut aussi inclure l'humain, et pas seulement le jardinier, mais tous ses amis qui vont apporter des choses au jardin et en retirer. Certaines écoles de permaculture vont en effet jusqu'à intégrer la dimension sociale à la démarche, qui sort largement du cadre de cet ouvrage. Toujours est-il que l'étude des flux vous amènera à vous poser la question de ce que vous souhaitez retirer physiquement de votre jardin : quels types de récolte, des sous-produits animaux (œufs, miel...), d'autres matières premières (pour la déco de la maison, le chauffage, etc.) ?

Chez Joseph Chauffrey, l'espace est découpé de façon très fonctionnelle et pas 1 m² n'est perdu.

L'ORGANISATION ET LA MAINTENANCE

Une fois que vous aurez bien compris comment votre jardin fonctionne et ce que vous souhaitez en retirer, il vous restera à réfléchir à comment organiser votre jardin de façon à ce qu'il fonctionne de façon naturelle tout en parvenant à vos buts. Le support d'un plan de votre jardin tel qu'il sera en permaculture (papier ou informatique) vous sera indispensable pour arriver à tout arranger. Vous serez aussi amené à faire des compromis car s'inspirer de la nature ne veut pas dire que l'on peut obtenir tout ce que l'on veut. Cette phase n'est pas la plus facile et personne ne réussit du premier coup car c'est une démarche qui se peaufine avec le temps. Vous verrez, c'est vraiment passionnant et on n'a jamais vu quelqu'un renoncer à la permaculture pour se remettre au potager à coups de motobineuse et d'engrais !

La récolte : c'est un flux sortant du jardin.

SAVOIR-FAIRE
La permaculture a aussi son école

À la Ferme du Bec-Hellouin, Perrine et Charles Hervé-Gruyer ont effectué une reconversion basée sur la permaculture. Non seulement la terre produit, mais en plus elle produit assez pour faire vivre l'exploitation. La démarche des propriétaires est exemplaire, mais comme ils ne manquent jamais de le faire remarquer, il s'agit d'une expérimentation, dans laquelle ils essayent d'ailleurs régulièrement de nouvelles choses. Cela a donné lieu à la création d'une école de permaculture (ecoledepermaculture.org).

Le sol, c'est vital

Le premier des principes de la permaculture est de ne pas travailler le sol. Ce n'est pas une interdiction mais une démarche permaculturale ne le justifie pas. En effet, le sol est un milieu très complexe et même avec les outils utilisés en jardinage bio (la grelinette par exemple), l'organisation du sol est très perturbée.

▸ **Le sol est un assemblage délicat d'une multitude de composantes.** Tout d'abord, les trois éléments s'y mélangent : l'eau, l'air et la terre. La terre est elle-même un agencement complexe d'éléments minéraux, sous forme de sels minéraux et de roches plus ou moins fins. Et le tout est colonisé par une quantité astronomique d'êtres vivants, depuis les bactéries jusqu'aux animaux visibles à l'œil nu. Ceci inclut les champignons, dont la majorité est invisible (à peine 1 % d'entre eux forme des chapeaux…). Et il faut rajouter la matière organique morte, ainsi que les racines des plantes qui y sont installées.

Le sol nu est vulnérable à l'érosion et les rares habitants comme les vers de terre peinent à survivre.

▸ **Les techniques de permaculture visent à préserver et encourager cet équilibre** délicat, de façon empirique car le sol garde encore sa part de mystère.

À SAVOIR

La permaculture, une affaire de bactéries

Le sol d'une forêt et d'un jardin, pour un microbiologiste, est facile à distinguer car chacun est dominé par un type différent de bactéries. Un sol forestier est peuplé majoritairement par des bactéries inféodées à l'acidité du milieu : le sol de litière forestière, très riche en matière organique, est plutôt acide. Les sols cultivés, eux, sont peuplés par des bactéries résistantes aux agressions, en particulier la dessiccation, conséquence d'un sol exposé aux intempéries et peu riche en matière organique… Autre différence : un sol de forêt est vivant en profondeur alors qu'un sol de jardin voit son activité concentrée dans les 20 premiers centimètres.

Le feutre blanc autour de ces racines est un champignon symbiotique, qui fait l'interface entre le sol et la plante.

UN GRAND FRAGILE

Lorsque le sol est laissé à nu, il est exposé aux intempéries, en particulier le froid, la sécheresse et la pluie qui le lessive. Le froid inhibe la vie du sol pendant de longues semaines, la sécheresse tue de nombreux micro-organismes (et fait souffrir la végétation, bien entendu) et la pluie rince les éléments nutritifs. Il se forme souvent ce que l'on appelle une croûte de battance : après la pluie, une fine carapace se forme à la surface du sol, empêchant les graines de lever. L'épuisement du sol est souvent enclenché. Au contraire, en permaculture, le sol est toujours couvert et la vie du sol est protégée, ce qui se retrouve dans la santé et la vigueur des cultures. Il n'y a rien de bien sorcier derrière tout cela !

À SAVOIR

1 gramme de sol contient…

- 40 % de roche et de sels minéraux
- 33 % d'eau
- 20 % d'air
- 7 % de matière organique

Mais surtout…

- 10 millions à 1 milliard de bactéries
- 1 million de champignons
- 1 000 algues (unicellulaires)
- 100 nématodes (micro-vers)

Tout se recycle

La transformation perpétuelle au sein du jardin est l'une des clés de la permaculture. Comme dans une forêt, que personne ne fertilise jamais…

Le genêt d'Espagne, un producteur de matières selon le concept d'usines végétales (voir page 58).

Dans un jardin qui fonctionne comme un écosystème, on cherche à ce que le maximum de choses fonctionne selon un cycle. Le compostage est le plus connu des cycles, puisque la matière organique morte (les déchets végétaux) est compostée pour donner un fertilisant (le compost). Mais la permaculture va au-delà, puisqu'on va chercher à ce que les cycles s'organisent aussi de façon autonome. Le compostage n'est pas autonome : il faut amasser les déchets, les remuer, et épandre le compost. En permaculture, la recherche des cycles va conduire, par exemple, à planter à proximité les plantes qui se nourrissent mutuellement, ou à créer des associations qui permettent de se passer de tout apport fertilisant. Autant dire que cela ne s'obtient pas du premier coup et qu'il y a toujours matière à perfectionner le jardin. Mais c'est aussi ce qui rend la permaculture si addictive !

À SAVOIR
L'autorégulation

Les cycles au jardin ont un pendant : la régulation s'effectue par elle-même. Le cas classique est celui de la coccinelle et des pucerons : sans coccinelles, les pucerons prolifèrent mais sans pucerons, impossible de garder des coccinelles dans le jardin. Les pucerons, par leur abondance, régulent les coccinelles. Il faut donc un minimum des deux pour que les coccinelles puissent réguler les pucerons et on a un exemple d'autorégulation, où le jardinier n'a pas à intervenir.

Les champignons dans la pelouse sont plutôt un bon signe.

SAVOIR-FAIRE
La Ferme de la Mare des Rufaux

Une autre voie que celle de l'agriculture intensive : c'est ce que Linda Bedouet et Édouard Stain ont voulu explorer, avec succès, dans leur microferme de Bouquetot (Eure). Ils produisent des fruits et des légumes pour leurs clients et eux-mêmes de façon intensive avec une empreinte environnementale minimale. Leur production et leur vie, en revanche, sont d'une qualité maximale… www.fermedesrufaux.com

Chez Joseph Chauffrey, le compostage est une affaire sérieuse et très organisée.

LE RECYCLAGE, TOUJOURS EN PLACE

Pour limiter les travaux et laisser le jardin s'organiser comme un écosystème, il faut privilégier le recyclage à l'endroit même où sont produits les « déchets ». Cette notion de déchets devient très subjective car en fait, il n'y a pas de déchet à proprement parler dans un jardin, juste des matières en transformation. Les feuilles des arbres doivent en priorité nourrir l'arbre lui-même en se décomposant à son pied et en même temps, les plantations qu'on aura placées sous son ombre. Les arbustes qu'on aura taillés retrouveront le produit de la taille en paillis, directement au pied. Et ainsi de suite…

Créer ou transformer le jardin en permaculture

La permaculture, c'est beaucoup de réflexion (et parfois, de trop longs discours…), un peu d'action, mais il faut tout de même procéder à quelques tâches ! Maintenant que vous avez saisi l'essentiel des principes, il n'y a plus qu'à… Cela commence par un diagnostic fouillé et l'établissement d'un plan. Tout le succès repose sur une bonne conception.

Évaluez l'existant

Se mettre à la permaculture impose de bien connaître son jardin, dans les moindres recoins. Et même s'il n'est pas très grand, il est plus complexe que vous ne le croyez !

Pour passer à la permaculture, il faut un peu faire un inventaire. Comme la permaculture est l'art d'employer la force de la nature, il vous faut repérer quelles sont les potentialités de votre jardin, et quels sont les éventuels freins. Car il n'y a pas de bon ou de mauvais endroit : pour tout lieu, il y a des projets adaptés et d'autres qui ne le sont pas. En permaculture, on cherche à mettre les cultures là où elles ont le plus de chances de se débrouiller sans intervention artificielle (comme les traitements, en particulier).

Sous ce rang d'arbres, il fait moins froid qu'ailleurs : un bon emplacement pour des légumes délicats.

Ces roches affleurantes sont valorisables auprès de cultures frileuses moyennant d'énormes apports.

RECHERCHEZ VOS MICROCLIMATS

C'est la première tâche à effectuer pour avoir en main la cartographie de son jardin : savoir où la température et l'humidité sont très différentes du reste du jardin.

- **Les coins chauds** : ce sont les endroits où la température est souvent supérieure de quelques degrés au reste du jardin. Les pieds de mur exposé au sud sont les plus faciles à repérer mais cela peut aussi être au pied d'une haie au soleil, le long d'un talus au sud-ouest, etc.
- **Les coins froids** : la neige y fond en dernier et les gelées y durent plus longtemps. Les creux sont souvent plus froids que le reste car l'air froid a tendance à couler dans les creux, un peu à la façon de l'eau. Sur une pente, l'air sera toujours plus froid au-dessus d'un obstacle (haie, mur…),

car celui-ci forme une sorte de barrage qui empêche l'air froid de s'écouler en dessous.

- **Les endroits lumineux** : ils reçoivent non seulement la lumière du matin mais aussi celle de l'après-midi. Ces emplacements seront précieux pour les légumes les plus exigeants en lumière, mais ce seront aussi ceux qui se dessécheront en premier.
- **Les endroits ombragés** : faciles à repérer, ils ont l'avantage de se dessécher moins vite en été et la température y est inférieure de 5 à 10 °C par rapport au plein soleil. Mais attention : en hiver, les coins ombragés sont parfois parmi les moins gélifs car qui dit ombre dit couverture, et celle-ci peut parfois limiter le refroidissement en dessous. Tout n'est pas noir ou blanc !

Ici, la poche humide est évidente : un bon endroit pour créer une mare et un potager autour.

ASTUCE

Le coup des thermomètres

Récupérez 3 thermomètres (vérifiez qu'ils indiquent la même température) et placez-les à divers endroits du jardin, de préférence par temps couvert, une fois en hiver et une fois en fin de printemps. Notez la température de chacun et déplacez-les, en vous gardant un des trois comme référent : vous allez vite vous rendre compte des différences de température d'un coin à l'autre.

Les interactions, à repérer

Après avoir repéré les microclimats, il va vous falloir déterminer la façon dont les éléments du jardin façonnent son climat, et pas seulement le vent ou les températures. Si vous ne démarrez pas votre jardin tout de suite, mettez cette période à profit pour « lire » votre jardin.

DES EFFETS PARTOUT

Il est difficile d'imaginer tout ce qui peut se produire sur de petites échelles (1 m ou 2), à proximité d'un élément, qu'il soit végétal ou inerte. Sous un vieux buis, par exemple, il ne pleut presque jamais, plus de 60 % de l'eau étant captée par le feuillage avant qu'elle n'atteigne le sol. Au pied d'une touffe de bambou, la température minimale en hiver est supérieure de 3 °C à celle qu'on pourrait mesurer au milieu du gazon, même à l'ombre. Imaginez un bambou à côté d'un buis et vous pouvez deviner qu'à cet endroit, vous aurez une zone sèche mais aux températures plus clémentes qu'ailleurs. Ce n'est peut-être pas un bon endroit pour y faire des plantations mais pour un poulailler, c'est un bon emplacement…

Les poules ont une forte influence sur le jardin, souvent positive.

Le jardin de sous-bois entretient une faune et une flore variée.

POSITIVES OU NÉGATIVES

Tout votre jardin est fait de ce genre d'interactions : l'idéal est de détecter au moins les plus importantes. Murs, haies, arbres isolés, bosquets, mais aussi creux et buttes, ont leur effet. En terrain plat et nu, l'inventaire sera vite fait. Mais la texture de la terre peut varier en l'espace de quelques mètres et les conditions sont alors différentes. Si votre terrain n'est pas trop grand, la bonne méthode consiste à faire un plan du jardin existant et à le découper en mailles de 1 m. Notez, pour chaque maille, les conditions les plus marquantes. Cela vous aidera beaucoup pour l'étape suivante, celle où vous ferez votre plan (voir pp. 24-25).

Des milieux variés mais fonctionnels : la permaculture est l'art d'optimiser l'espace.

QUELLE TAILLE MINIMALE POUR UN JARDIN EN PERMACULTURE ?

En théorie, on peut appliquer les principes de la permaculture sur un balcon, mais la notion de sol vivant est plus adaptée à la pleine terre. En pot, les cycles sont modifiés et les interactions entre plantes se limitent souvent à la concurrence pour la lumière.

Y A-T-IL UNE TAILLE MAXIMALE ?

La permaculture peut demander beaucoup de travail, notamment en ce qui concerne l'entretien des cultures sur paillis et sur buttes pour les parties potagères. De là, une surface de plusieurs milliers de mètres carrés en permaculture nécessite beaucoup trop de disponibilité pour que cela reste une activité de loisir…

Une butte de culture à la ferme du Bec-Hellouin.

Aidez-vous des plantes indicatrices

Les plantes sauvages fournissent une grande quantité d'informations sur l'endroit où elles poussent. Mais la « lecture des plantes » est parfois délicate…

Chaque plante a ses préférences et les sauvageonnes n'échappent pas à cette règle. Ainsi, chaque sol va porter préférentiellement des plantes qui correspondent aux conditions qui leur sont offertes. En inventoriant ces plantes, on arrive ainsi à détecter des tendances sensibles. Il ne faut pas non plus trop attendre de l'exercice.

PAS TOUTES INFORMATIVES

Les plantes indicatrices ne sont pas si nombreuses. Dans tous les jardins, on rencontre des petites graminées annuelles (l'« herbe » qui ne vit qu'une saison), de la mercuriale, du pissenlit et bien d'autres. Celles-là sont peu regardantes aux conditions et elles ne vous apprendront souvent pas grand-chose que vous ne sachiez déjà. Ce sont les plantes vivaces spontanées (les « mauvaises herbes » pérennes), qui sont souvent les plus intéressantes, car si elles ont réussi à s'installer et à se développer, c'est que les conditions leur conviennent particulièrement. Le tableau ci-contre vous donne les principales, que l'on rencontre dans les jardins.
Si votre terrain est bordé par des haies où la végétation sauvage peut s'exprimer, vous pourrez rencontrer des espèces différentes, plus informatives encore, mais qui dépassent le cadre de ce livre. Il vaudra en tout cas la peine de se renseigner quant aux exigences de ces plantes pour glaner des informations supplémentaires.

Renoncule rampante (bouton d'or).

Prêle.

Petite oseille (un Rumex*).*

Chiendent.

UNE TENDANCE, RIEN DE PLUS

La présence d'une plante indicatrice ne fait que suggérer une caractéristique du terrain à cet endroit. Si elle est présente en grand nombre, la tendance correspondante sera plus forte. Mais il peut arriver que des plantes se maintiennent dans des conditions qui ne leur sont pas favorables : méfiez-vous d'un pied isolé. Une hirondelle ne fait pas le printemps et de la même façon, une seule ortie ne traduit pas à elle seule la richesse du sol…

LES 12 MEILLEURES PLANTES INDICATRICES

Plante	indique…
Ail sauvage	Sol drainant, microclimat chaud
Chiendent	Sol meuble, pas très riche
Menthe sauvage	Sol humide ou mal drainé, riche
Mouron	Sol peu compacté, assez riche en azote
Ortie	Sol très riche en azote, pas trop sec
Pourpier	Sol assez riche, microclimat chaud
Prêle	Sol humide en profondeur ou sol compacté
Renoncule rampante	Sol frais, assez riche, microclimat frais
Renouée des oiseaux	Sol frais, assez riche, microclimat frais
Ronces	Sol humifère et profond
Rumex (patiences)	Sol profond, peu calcaire
Trèfle	Sol pauvre en azote

Définissez des zones

Maintenant que vous avez toutes les clés en main, enclenchez la phase de réflexion à propos de ce que vous désirez. En permaculture, cette étape est très simple car on définit des zones.

Tout part de la maison, qui est le centre de gravité du jardin. C'est là qu'on passe le plus de temps et les alentours peuvent comporter des cultures et des dispositifs qui demandent une attention régulière. Plus on s'éloigne de la maison et plus il faudra que les choses soient autonomes.

FORME LIBRE

Il n'y a pas de règle précise pour définir le zonage d'un jardin mais on évite de créer des enclaves (une zone d'un type incluse dans une autre). Le zonage n'est pas forcément concentrique, et c'est même déconseillé, sauf si votre terrain est entièrement nu. Le zonage doit en effet correspondre à vos possibilités et à vos envies. Par exemple, les zones 1 et 2 ont intérêt à être desservies par des allées pratiques car vous allez y passer souvent. Mais si les allées sont déjà en place et qu'elles n'ont pas vocation à bouger, alors mieux vaudra que vos zones 1 et 2 bordent ces allées.

Ici, seule une partie de la pelouse est tondue régulièrement.

LE ZONAGE

Zone	Caractéristiques	Exemple
1re zone	Passage plusieurs fois par jour, entretien intensif.	Plantes en pot, coin pépinière, animaux domestiques.
2e zone	Passage quotidien à une fois tous les 2 jours, entretien régulier.	Potager, massifs fleuris.
3e zone	Passage régulier mais peu fréquent, moins de 2 fois par semaine. Entretien ponctuel et saisonnier.	Haie, verger, arbustes décoratifs, plantes utilitaires (médicinales).
4e zone	Forêt de provisions : on y glane un peu de fruits sauvages et de bois mort, entretien uniquement en cas de force majeure (tempête…).	Petit bois (éventuellement planté), haies libres.
5e zone	Parties naturelles, strictement jamais d'entretien.	Marais, bois non fréquentés.

La serre fait partie de la 1re ou 2e zone. Elle demande en effet un peu d'attention tous les jours ou presque, surtout de mars à octobre.

Près de la maison, mettez tout ce qui demande des soins constants. C'est l'endroit idéal pour les plantes délicates en pot.

ADAPTEZ À LA TAILLE DU JARDIN

Dans un jardin de moins de 600 m^2, il sera suffisant de définir 3 zones seulement, les zones 4 et 5 n'étant pas envisageables. La zone 1 pourra par exemple représenter jusqu'à 50 m^2 (s'il y a une terrasse), et 100 m^2 pour la zone 2. Dans un jardin de plus grande taille, il vaudra la peine d'affiner le zonage pour arriver à 5 zones au total. Rien ne vous empêche, bien évidemment, de vous créer des zones intermédiaires. Soyez simplement sûr de ne pas créer quelque chose de trop compliqué et surtout, qui correspond bien à la façon dont vous comptez agir dans le jardin. Les jardiniers présument trop souvent de leur disponibilité et de leur courage !

Faites un plan

La permaculture repose sur le design, c'est-à-dire l'organisation des éléments dans l'espace pour parvenir à un jardin entièrement fonctionnel. Pour y parvenir, une seule solution : coucher ses idées sur le papier.

PAS D'ANGOISSE DE LA FEUILLE BLANCHE

- **Reportez les éléments inamovibles du jardin sur une grande feuille** : les constructions, les arbres, tout ce que vous ne souhaitez pas déplacer, et toutes les contraintes (passage, voirie, etc.).
- **Tracez ensuite vos zones** les unes après les autres, en partant de la maison (qui constitue la zone « 0 »).
- **Laissez mûrir votre schéma**, débattez-en avec vos proches intéressés, faites-vous l'avocat du diable pour vous assurer que c'est le bon choix.
- **Gardez de la marge** : votre projet évoluera forcément avec le temps.

Démarrer un jardin en permaculture est plus simple lorsque le jardin n'existe pas encore.

EN MARCHE !

Au stade du plan, vous pouvez tracer vos futures plantations : c'est même conseillé. Vérifiez alors que ce que vous comptez placer va bien fonctionner ensemble, c'est-à-dire que les uns nourriront les autres ou bien leur apporteront un bénéfice. C'est important pour le verger et les plantes vivaces du potager comme la rhubarbe. Les arbres fruitiers vont étendre leur ombre au fil des années, ce qui va se traduire par une modification du milieu : une terre plus sèche mais accueillante pour les plantes qui craignent le plein soleil. Le principe est simple : chaque chose doit répondre à plusieurs fonctions et une même fonction doit pouvoir être assurée par plusieurs éléments.

Pour faire son plan, il faut constamment affronter la théorie à la réalité du terrain, ce qui n'a jamais rien d'évident.

ASSEZ D'ALLÉES

▸ **Prévoyez suffisamment de passages**, et pas seulement des allées centrales. Pour le potager, il vaut mieux prévoir des îlots (larges de 1,30 m environ), entourés de toutes parts par des allées. Si vous envisagez de mettre en place des buttes de culture, leur agencement importe peu.

▸ **Certaines écoles de permaculture conseillent une organisation en spirale** (école du jardin Gaïa) ou en cercles imbriqués (jardin mandala). À moins d'être animé par une recherche spirituelle (voire ésotérique), ces dispositions ne sont pas indispensables.

À SAVOIR
La communauté, partie prenante du jardin

L'approche traditionnelle de la permaculture inclut non seulement le jardinier dans l'écosystème jardin, mais aussi ceux qui le fréquentent. Si les lieux le permettent, prévoyez assez de place pour partager les lieux avec les amis et vos relations jardinières. L'inclusion de la communauté peut aussi vous inciter à prévoir un espace un peu plus grand pour les légumes, afin de pouvoir échanger votre production avec d'autres.

Procédez par étapes

Lorsque le plan est à peu près défini (il changera de toute façon), fixez-vous un calendrier pour les différentes réalisations.

Création d'une butte de culture.

LE POTAGER, LE PLUS FACILE

Il s'agit d'îlots de petite taille, peu importe qu'ils soient en butte ou maintenus par des planches (comme dans un potager en carrés). Le potager est le plus facile à créer car on part le plus souvent d'une surface où il n'y avait que de l'herbe. Façonner les buttes demande un peu d'exercice physique mais ce sera la seule fois. Et un potager n'a pas impérativement besoin d'être en buttes pour répondre aux objectifs de la permaculture.

Mois	Favorable pour…
Janvier	Planter les haies, déplacer les arbustes
Février	Planter les haies, déplacer les arbustes, aménager les allées
Mars	Créer le potager, construire un tunnel
Avril	Démarrer les plantations en pot
Mai	Créer une mare ou une spirale d'aromatiques
Juin	Aménager une ombrière
Juillet	Agrandir les îlots potagers
Août	Mettre en place un système de drainage, créer un jardin de pluie
Septembre	Construire une serre
Octobre	Réaliser les premiers aménagements potagers
Novembre	Planter les haies et les arbres, déplacer les arbustes
Décembre	Planter les haies et les arbres, déplacer les arbustes

Pour transplanter : cernez à la bêche (1), sortez de terre avec la motte (2) et replantez rapidement (3).

Courge servant d'ombrage à un tunnel.

LES HAIES, LE PLUS URGENT

Se couper du vent et du soleil est un préalable à tout jardin, sur lequel l'envie d'intimité vient se greffer. La haie dans un jardin en permaculture n'est pas un alignement de conifères bien taillés. C'est un mélange d'essences qui a plusieurs fonctions (abriter la faune, fournir des récoltes, voire fournir du paillis), en plus de couper le vent. Comme il faut 3 à 4 ans avant qu'une haie commence à produire ses effets, ne perdez pas une minute et plantez-la au plus tôt.

À SAVOIR

Comment transplanter un arbuste ?

Si vous devez changer des végétaux de place, faites-le lorsqu'ils sont en repos, de novembre à mars. Seuls les arbustes dont le tronc mesure moins de 8 cm de diamètre peuvent être déplacés à la main. Le déplacement s'effectue en 5 étapes :

- Taillez l'arbuste pour réduire son encombrement (de moitié).
- Creusez une tranchée très profonde à 40 cm du tronc, encerclant l'arbuste.
- Creusez ensuite à l'horizontale pour dégager la motte du sujet (faites-le basculer).
- Faites rouler la motte sur une bâche que vous ferez glisser sur le sol jusqu'au point de replantation.
- Replantez aussitôt en arrosant bien.

La permaculture en pratique

Le dessin prêt, le calendrier en tête, il ne manque plus que le détail des techniques pour que le jardin permaculturel prenne forme. Commencez par les techniques générales, celles qui valent pour tous les espaces du jardin : elles constituent une base incontournable.

Le paillis, partout

Le sol couvert de paille est une image que l'on associe souvent à la permaculture. Il ne faudrait pas réduire la permaculture au paillage. Mais le paillage est souvent utile pour atteindre les objectifs du jardin en permaculture, surtout lorsqu'on débute.

PAILLE, PAILLIS, FOIN…

Commençons par lever une ambiguïté : lorsque l'on parle de paillis, ce n'est pas forcément de paille. Les exemples de jardin en permaculture que l'on voit souvent utilisent beaucoup la paille car ce matériau est facilement disponible dans les environs, lorsqu'on a des voisins agriculteurs. Pour les exploitations agricoles (les maraîchers), trouver du paillis en grande quantité restreint le choix des matériaux. Mais on peut pailler avec du foin (de l'herbe sauvage séchée), du bois broyé, des feuilles mortes, des restes de taille et de désherbage, etc.

LES VERTUS ET LES LIMITES DE LA PAILLE

Lorsqu'on peut en trouver, la paille a l'avantage d'être très propre (peu de graines indésirables). Elle se ressuie vite après une pluie et dynamise la vie du sol. Mais au début, elle séquestre l'azote du sol, ce qui entraîne une carence

Épandage de paille : elle peut servir à cacher des paillis inesthétiques.

Blette sur paille : la culture va maintenant demander peu de soins.

Solution contre la faim d'azote (extrait de plumes).

Permaculture dans un tunnel : sol paillé et compagnonnage.

localisée de cet indispensable élément nutritif. On parle de « faim d'azote ». Cette carence est temporaire puisque l'azote finit par être restitué à la terre. Le fumier pailleux (paille assez peu souillée par les déjections animales) ne présente pas ce souci. Mais la paille a un inconvénient majeur : elle n'est pas facile à trouver, ou alors sous forme de balles lourdes (150 à 300 kg, voire 600 kg).

À SAVOIR

La faim d'azote, une histoire de bactéries

Ce syndrome de manque d'azote se produit lorsqu'on dépose une grande quantité de matière carbonée sur le sol, comme du bois (sciure, bois broyé…) ou de la paille. Ces matières sont riches en carbone mais pauvres en azote, à la différence des tontes de gazon ou des feuilles mortes, riches en azote mais pauvres en carbone. Or les bactéries du sol, pour dégrader les matières carbonées, ont besoin d'azote. Lorsqu'elles s'attaquent à une couche de bois broyé, elles pompent tout l'azote disponible pour le sol et elles sont très efficaces ! Lorsque la décomposition est plus avancée, les bactéries laissent derrière elles le carbone associé à l'azote dans des composés variés comme les acides aminés. La carence est alors passée.

Les alternatives à la paille

Si la permaculture n'est pas synonyme de paillis, le paillis n'est pas non plus synonyme de paille ! Il y a de nombreuses matières valorisables à disposition.

Déchets de taille en paillis.

Le foin est la plus évidente source de paillis pour couvrir une grande surface. Contenant beaucoup de graines, le foin n'entraîne pas de faim d'azote ; ses effets revitalisants sont bien meilleurs que ceux de la paille issue de l'agriculture conventionnelle (la paille bio est rarissime) et peut contenir des traces de pesticides. Mais le foin doit bien être fauché quelque part et c'est une denrée précieuse, qui est destinée prioritairement à l'alimentation animale, à moins de le faire soi-même.

UN PAILLAGE EN CYCLE FERMÉ

La logique du paillis, dans un jardin en permaculture, veut surtout que les éléments fonctionnent en circuit fermé. S'il y a besoin de paillis, il doit venir en priorité du jardin lui-même. Cela commence par le recyclage en place du produit du désherbage : les herbes arrachées sont mises à sécher pendant quelques jours puis reposées sur le sol, qu'elles vont nourrir en se décomposant. Dans certains cas, cette seule source de paillage suffit à maintenir le potager en équilibre.

LES SOURCES DE PAILLAGE AU JARDIN

Outre le produit du désherbage, comptez sur les restes de taille. Si cela ne suffit pas, les « usines végétales » sont là pour ça (voir pp. 58 et 59). Notez aussi que le carton ondulé peut servir à pailler efficacement le sol. Mieux vaut qu'il ne soit pas imprimé et surtout, pas pelliculé ni teinté. Couvrez-le d'une couche de broyat ou de paille afin d'éviter qu'il ne forme une croûte dure et inesthétique.

À SAVOIR

Les paillis minéraux, pas indispensables

Ce qui est intéressant dans le paillage du sol, c'est la façon dont il encourage une riche vie dans la terre. Les paillis minéraux (galets, graviers, tuiles concassées, etc.) n'ont pas ce rôle-là car ils n'apportent rien à la terre. Inertes, ils ne se décomposent pas et n'entrent donc pas dans un cycle. Ils servent toutefois à protéger le sol contre les intempéries et le lessivage, ainsi que dans les passages difficiles du jardin.

Orties hachées en paillis frais.

Repères sur le paillage	
Où en mettre ?	Sur la terre que l'on veut garder meuble, donc essentiellement au potager.
Quand ?	À n'importe quel moment de l'année (plus efficace au printemps).
Combien ?	De 5 à 15 cm d'épaisseur, mais il n'y a pas de limite.
À quelle fréquence ?	Selon la vitesse de décomposition de la litière.

Les broyats, de vrais dynamiseurs

Les rameaux passés au broyeur ont une intense activité biologique qui les rend incontournables. Mais il faut savoir s'en servir car ils peuvent jouer des tours.

Le jardinage bio a popularisé le broyat sous l'acronyme pédant (et inutile) de BRF, pour Broyat Raméal Fragmenté, qui est du broyat de bois, tout simplement. La logique de cette école demande à disposer d'une grande quantité de haies ou de taillis dans lesquels aller puiser une matière première que l'on passe au broyeur. Cela n'est pas la philosophie de la permaculture, où l'on cherche à fonctionner de façon autonome, lorsque c'est possible.

TOUT AU BROYEUR

Passez donc tous les rameaux qui vous tombent sous la main au broyeur : restes de taille, végétaux morts, arbustes arrachés, etc. Ils ne doivent pas comporter de terre sans quoi ils désaffûtent le broyeur de végétaux.

Les rameaux en sève (même sans feuilles, en hiver) sont plus faciles à broyer que les rameaux secs, coupés depuis plusieurs mois.

Si vous n'avez pas de broyeur (ou pas l'emploi), débitez les rameaux au sécateur, en tronçons de 10 cm.

Apport de broyat de déchets de taille. Il a été précomposté durant quelques mois au préalable.

FAITES ATTENDRE LE BROYAT

Il est nettement préférable de faire composter le broyat pendant quelques mois avant de l'employer. Pendant ce temps, laissez-le en tas, moite mais pas détrempé. Des champignons vont s'y développer et coloniser la masse. Cela évitera le syndrome de la faim d'azote (voir p. 31) et le broyat ne fera pas qu'apporter des nutriments lorsque vous l'étalerez : il ensemencera la litière en champignons décomposeurs. Le temps de compostage préalable est variable : de quelques semaines pour des tiges fines jusqu'à 1 an pour du broyat comportant surtout du bois (rameaux de grosse section).

À SAVOIR
Quel broyat dans un petit jardin ?

Lorsque le terrain n'est pas très grand, les sources de broyat sont limitées. Dans ce cas, vous aurez intérêt à aller chercher du broyat ailleurs. De plus en plus de centres de compostages (gérés par les syndicats intercommunaux) en proposent, en vrac, à bon prix (quelques euros pour une remorque). Choisissez-le pré-composté de préférence.

Déchets de taille.

Passage au broyeur.

Colonisation par les champignons.

Apport de compost très mûr.

L'art du compost

Impossible, quelle que soit la façon de jardiner, de se passer du compost. Mais il prend une place particulière dans le jardin en permaculture.

▸ **Le compostage est le recyclage par excellence des matières organiques** au jardin. Avec le paillis en place et l'emploi de broyat (voir pages précédentes), il ne reste pas beaucoup de matières pour faire un tas de compost. Il sera alimenté par tout ce qui ne trouve pas d'emploi directement en place au jardin, comme les récoltes inutilisables, les restes alimentaires, les surplus de désherbage, etc. Le compost, dans un jardin en permaculture, vise surtout à accroître la fertilité d'un sol en dynamisant sa vie microbienne. Si le compost doit être riche, c'est de sa vie plutôt que de ses éléments nutritifs.

Brassez bien après avoir apporté des tontes de gazon.

UNE AFFAIRE DE DOSAGE

Un compost « activé », c'est-à-dire particulièrement actif d'un point de vue microbien, résulte de la décomposition de matières ayant apporté du carbone et de l'azote. On dit souvent qu'il faut « alterner le vert et le brun », c'est-à-dire le feuillage et le bois. Le premier apporte l'azote, le second fournit le carbone. Les restes alimentaires contiennent surtout de l'azote.

▸ **Un bon compost ne s'obtient pas en apportant un seul type de matière organique**, mais une certaine diversité. Un brassage régulier, au moins une fois par mois, est la clé d'un bon processus de décomposition. Arrosez par temps sec en été. Il est inutile d'apporter un accélérateur de compostage. Toutefois, arroser le tas avec un purin végétal après un apport est une bonne façon d'entretenir la dynamique.

UN PRODUIT MULTI-EMPLOIS

Si traditionnellement le compost s'épandait sur la terre nue avant d'y implanter des cultures, son emploi en permaculture est différent. Un apport de compost va redonner de la fertilité à un sol un peu endormi, par exemple à l'aplomb d'arbustes à feuilles persistantes. Il va inciter les vers de terre à enterrer cette matière humifère et donc aérer le sol, y compris en terre argileuse. En sol calcaire, on le verra comme un amendement au pied des plantes sensibles à l'excès de calcaire. Et on pourra même en tirer un extrait liquide (1 kg de compost mûr dans un arrosoir pendant 3 jours), pour stimuler la croissance des légumes, en les arrosant au pied.

À SAVOIR
Le compostage en sac

En hiver ou par temps très humide, les herbes arrachées ont vite fait de se réenraciner là où on les pose, ce qui rend leur réemploi parfois compliqué en paillis. Une alternative consiste à les faire composter à l'abri, dans des conditions les empêchant de repartir. Mettez-les en sac opaque, sans trop tasser, et laissez à l'abri pendant 2 mois environ. Selon le taux d'humidité, ces herbes se seront transformées en une pâte, à déposer au pied des cultures, ou à placer au fond des trous de plantation, en mélangeant bien à la terre.

Dans le compost mûr, les matières de départ ne sont plus identifiables.

Les méthodes en place

Les différentes techniques que l'on vient de voir peuvent s'envisager à l'endroit même où on souhaite en tirer profit. Moins de manipulation, moins de vie dérangée, et plus de profit !

Pommes inutilisables déposées en tranchée. Des pommes de terre seront cultivées par-dessus.

LE COMPOST EN TRANCHÉE

Pas besoin de composteur pour transformer de grandes quantités de matière organique, comme des pommes inutilisables ou le produit de toilettes sèches. Creusez une fosse de 40 cm de profondeur environ et de la largeur de votre choix. Déposez-y les déchets organiques en un lit de 10 cm à 20 cm d'épaisseur. Couvrez de terre pour former un andain au-dessus de la tranchée. Vous pourrez planter directement, les racines des plantations allant chercher eau et nutriment directement à la source.

LE BROYAT EN PLACE

Les matières passées au broyeur ne servent pas exclusivement à pailler le sol : elles peuvent constituer un support à part entière pour y implanter des cultures. C'est le principe du « compost des Templiers », qui a été repris par Jean Pain (et appelée « méthode Jean Pain »).
La technique consiste à amasser une grande quantité de matière organique débitée en petits morceaux (au moins 1 m^3 et plus) et qu'on arrose copieusement. Le tas chauffe grâce à l'activité des champignons et on peut y planter directement des cultures sensibles au froid. Au fil du temps, le tas baisse mais se transforme en une masse extrêmement fertile.

Même en ville, une mare sert d'oasis aquatique (jardin de Joseph Chauffrey).

passagère. La salicaire, les astilbes, les miscanthus et les eupatoires, pour n'en citer que quelques-uns, forment un massif décoratif qui se transforme en une réserve d'eau pendant quelques jours, le temps que l'épisode humide se résorbe. Ce procédé est de plus en plus employé par les villes.

LES MARES TEMPORAIRES

Elles se remplissent d'eau en hiver, reposent sur le même procédé, mais sans les plantations ornementales. Une végétation sauvage est conservée et éventuellement coupée une fois par an, en août. La profondeur des mares temporaires est plus importante que les jardins de pluie (jusqu'à 1,50 m) et elles gardent l'eau pendant plusieurs mois, jusqu'en mai-juin. Ces mares revêtent une importance cruciale pour le maintien des grenouilles et autres batraciens, dont les effectifs chutent sévèrement dans toutes les régions.

LES MARES PERMANENTES

Constituées comme des bassins à partir d'une bâche étanche, elles recueillent l'eau pendant toute l'année et une faune très riche s'y installe en quelques mois. Une mare permanente, si elle est très grande (plus de 100 m^3), peut servir de réserve d'eau. Il y aura tout intérêt à l'alimenter avec les eaux issues du toit.

M 1
11,7 m^2

La permaculture au potager et au verger

Même si le jardin en permaculture concerne tous les types de cultures, y compris les fleurs et les arbustes, c'est pour les cultures de production (fruits et légumes) que les techniques servent le plus.

La culture sur buttes

Cultiver ses légumes et d'autres plantes sur une butte de terre couverte de paille est devenu le symbole de la permaculture. Mais si cette technique est importante et très bénéfique, il ne faut pas réduire la permaculture à la culture sur buttes !

Butte couverte par les laitues.

PRENEZ DE LA HAUTEUR

Les buttes se destinent surtout à la culture de légumes. Comme dans un jardin potager en carrés, les cultures sont toujours accessibles car on les place sur de petites buttes, jamais plus larges que 1,40 m et hautes de 40 cm environ. Le centre est toujours à portée de main et comme les légumes sont cultivés un peu en hauteur, il est plus facile de s'en occuper. Mais la forme des buttes importe peu. Elles peuvent être en dôme, en petites terrasses, etc. Ce qui est intéressant, c'est que le sol n'a jamais besoin d'être travaillé très en profondeur. Le paillis encourage la présence de vers de terre, entre autres, qui travaillent et structurent le sol pour vous. Avec les buttes, quelques outils à main suffisent. Le plus dur… sera d'arracher les gros légumes au moment de la récolte !

Façonnage d'une butte.

Butte repiquée à nu.

Butte improvisée.

COMMENT FAÇONNER VOS BUTTES ?

Créer les buttes diffère selon les conditions du lieu.

▸ **En sol mal drainé** (terre humide ou très argileuse), il vaut la peine de racler la terre pour en façonner des monticules séparés par de petits fossés. Ainsi l'eau en excès ira au pied des buttes, là où viendront boire les racines des cultures, mais elles ne tremperont pas en permanence dans un milieu qui ne leur conviendrait pas.

▸ **En terre normale**, dans la majorité des cas, il faudra accumuler de la terre venue d'ailleurs. Cela peut être de la terre que vous vous faites livrer, ou de la terre récupérée d'un tas qui ne faisait rien.

▸ **Attention, le remblai et les sols stériles demandent du temps avant de se transformer en terre fertile** (plusieurs années moyennant un paillage copieux et varié).

SI VOUS NE POUVEZ PAS FAIRE VENIR DE TERRE

Constituez vos buttes au fur et à mesure en accumulant les matériaux organiques que vous trouverez : tontes, fumier, terreau usagé issu de cultures en pot, etc.
Il vous faudra beaucoup de temps mais le résultat est toujours très bon.

QUEL PAILLAGE ?

Toute matière organique qui se décompose en moins de 2 ans fera l'affaire : restes de taille, tontes, feuilles mortes, bois broyé (et pré-composté pendant 1 an), foin (sans trop de graines), etc. De toute façon, il faut toujours adapter les méthodes en fonction de ce qu'on a sous la main : c'est le principe de la permaculture.

La technique sur buttes

Un sol nu et toujours impeccable : cette image éculée du potager ne cadre pas avec celle de la culture sur paillis permanent et les méthodes sont donc un peu différentes.

LA PLANTATION

Pour mettre en place un plant à travers un couvert de paillis, c'est tout simple. Écartez le paillis sur une surface bien plus large que la motte du plant. Pour un godet, préparez une place de 20 cm de large, par exemple. Remuez un peu la terre avec une griffe à main, creusez assez profondément pour loger la motte. Elle ne doit pas dépasser, mais ne pas être trop enterrée non plus (faites arriver le haut de la motte à 1 cm sous le niveau du sol pour être sûr). Rapportez la terre autour de la motte pour combler le trou, arrosez si le temps est sec et remettez le paillis en place. Si le temps est humide, mieux vaut replacer le paillis après la fin de l'épisode pluvieux, au printemps et en automne.

FAIRE UN SEMIS SUR PAILLIS

C'est la même méthode : écartez le paillis pour faire de la place, semez en petits rangs (de 50 cm de long par exemple) ou à la volée, sur une terre travaillée en surface avec une griffe à main. Couvrez avec de la terre fine, arrosez en pluie s'il fait sec, et c'est tout.
Le paillis doit être laissé de côté jusqu'à complet

Plantation de poivron.

Remise en place du paillis.

Semis en place.

établissement des plantules s'il y a un risque d'attaque de limaces. Sinon, il est utile de disperser quelques brins sur la terre fraîchement ensemencée, pour la protéger des intempéries.

Fèves sur lit de paille : elles produisent leur propre azote.

DÉSHERBER : AUSSI, MAIS MOINS

Le potager en buttes paillées réduit très fortement la levée des mauvaises herbes, mais ne les empêche pas totalement. Il faut donc penser à arracher les mauvaises herbes de temps en temps, avant qu'elles ne soient trop grandes. Laissez les plants arrachés dans les allées, où ils restitueront à la terre leurs nutriments.

QUAND REGARNIR ?

Le paillis est régulièrement « consommé » par la terre et elle se retrouve à nu si une nouvelle couche de paillis n'est pas remise régulièrement. La paille tient un an, le bois broyé 1 à 2 ans mais les tontes ne tiennent que 3 à 6 mois : rechargez avant la consommation totale du paillis. Entre les cultures bien établies, c'est une opération sans difficulté.

BON À SAVOIR

Les restes, sur place !
À moins que les restes de culture n'hébergent des ravageurs, vous pouvez laisser sur place les déchets verts du potager. Coupez les tiges sèches et étalez-les en couche mince.
Attention à bien vérifier que les restes ne comportent pas de maladie, sinon il vaudra mieux les enterrer (à 30 cm au moins de profondeur).

À SAVOIR
Les limaces, parfois gênantes

Les feuilles mortes constituent de vrais nids à limaces. et ce paillis est peu employé en permaculture. En revanche, la paille et le bois composté ne les attirent pas plus que la terre nue. De nombreux prédateurs naturels vivant dans cette litière, elles ne sont pas si gênantes. Une exception : les jeunes salades. Il vaut mieux, le temps que les plantules soient installées, laisser le paillis écarté à plus de 10 cm des plants et ne le remettre qu'ensuite.

Des buttes spéciales

En plus de la classique butte de terre couverte de paillis, il existe des alternatives intéressantes dans certains cas, en fonction des matériaux que vous aurez sous la main.

LA BUTTE SUR GRILLAGE

Elle n'est pas forcément à envisager pour toutes les buttes mais au moins pour une ou deux, là où vous comptez cultiver des légumes racines. Car les rats-taupiers adorent le paillis, qui les protège des rapaces. C'est le principal inconvénient de la culture sur paillis. Disposer un grillage à mailles fines sur le sol, avant de façonner la butte, constitue une barrière naturelle contre la prolifération de ces rongeurs.

LA COUCHE CHAUDE

Cette technique, qui peut se faire en butte ou dans un abri comme un châssis, procure de la chaleur durant quelques semaines et permet de hâter des semis en début de printemps, surtout en région à hivers froids.

Aération d'une couche chaude en châssis.

Façonnage d'une butte de déchets variés.

▸ **Accumulez une couche de matière organique** : fumier frais de préférence (surtout de cheval), épluchures, restes de taille bien verts, herbe fraîche, etc. Tassez pour compacter la couche qui doit avoir au moins 20 à 30 cm d'épaisseur après compaction.

▸ **Arrosez-la pour faire démarrer la fermentation.** Déposez dans le même temps une couche de terre de semis par-dessus. Laissez en place, dans le châssis ou à l'air libre. La température va monter jusqu'à un pic au bout de 8 jours, puis se stabiliser. Il ne vous restera plus qu'à semer sur cette terre, pour bénéficier d'une chaleur de fond de 15 °C environ et pendant 3 semaines à peu près. Plus la couche est épaisse, plus la chaleur procurée dure longtemps.

SOUS LA BUTTE, LES LÉGUMES

Les pommes de terre peuvent se planter en même temps que l'on confectionne une petite butte. Couvrez tout d'abord le sol d'une couche de carton, de feuilles mortes et de tontes de gazon. Détrempez le tout. Posez dessus les pommes de terre, en les espaçant de 40 cm en tous sens. Couvrez ensuite de terre (sur 30 cm de hauteur), arrosez à nouveau et paillez légèrement. Les tubercules se formeront au-dessus du carton, donc au-dessus du niveau du sol environnant, et la matière organique les nourrira. Une bonne solution pour démarrer une butte, qui sera agrandie et améliorée les années suivantes.

N'oubliez pas la rotation des cultures

Si le sol est toujours couvert d'une couche organique, cela ne veut pas dire que l'on doit toujours tout cultiver au même endroit. Les contraintes sont heureusement moins fortes.

Avec la permaculture, les maladies transmises par le sol sont normalement moins problématiques car l'activité microbienne joue un effet antagoniste : les germes de maladies font face à une concurrence importante de germes bénins et ont moins de possibilité de nuire. Mais certaines maladies sont tenaces et il vaut mieux varier les emplacements.

UN PETIT TOUR

En jardinage traditionnel, on conseille souvent de ne pas cultiver au même endroit les mêmes légumes pendant les deux à trois années qui suivent une culture. D'un point de vue matériel, c'est bien sûr infaisable, sauf à s'arracher les cheveux pour trouver l'agencement qui évite ce genre de répétition d'une année à l'autre. De plus, il faut disposer d'un grand potager. En permaculture, on veillera à ne pas recultiver au même endroit ce qui a subi une forte attaque d'une maladie transmissible par le sol. Les cas sont vraiment rares.

Légumes associés recréant comme un écosystème naturel.

Tagète (engrais vert).

Pomme de terre, lin et coquelicots.

AU REPOS

Si vous avez un coin potager assez grand, il vaut la peine de mettre en repos, chaque année, un à deux îlots. Ils ne seront pas dépourvus de culture, bien au contraire, mais celle-ci aura vocation à être compostée sur place en fin de saison. C'est particulièrement utile en terre lourde que l'on souhaite améliorer. Semez du lin ou une céréale et à l'approche de l'hiver, arrachez le tout et couchez les tiges sur le sol.

CULTIVEZ DILUÉ

Une des clés en matière de prévention des maladies est de panacher les cultures pour éviter qu'un agent ne se propage trop vite d'un plant à l'autre. Disposez un peu de chaque culture dans chaque îlot plutôt que d'avoir des îlots spécialisés. De même, associez des plantes aux bénéfices mutuels (voir ci-contre). Mêlez-y des fleurs annuelles (alysse, souci, cosmos, œillet d'Inde…) afin de « diluer » encore plus les cultures. Le compagnonnage fait partie des bonnes pratiques…

SAVOIR-FAIRE
Fermes d'Avenir

« Nous redeviendrons paysans », disait un auteur il y a quelques années. Aujourd'hui, le mouvement de retour à la terre est indéniable et c'est avec la permaculture que l'on peut concilier productivité et sobriété pour en tirer une alimentation saine. Animé par Maxime de Rostolan, le réseau « Fermes d'avenir » encourage et accompagne ce retour alternatif à la terre et le met en pratique en Touraine à Montlouis (Loire). www.fermesdavenir.org

À SAVOIR
Quelques exemples de bons tandems

- Betteraves et oignons
- Blettes et choux
- Capucines et courgettes
- Carottes et tomates
- Épinards et céleri
- Haricots et courges
- Pois et pommes de terre
- Radis et laitues

Associez les arbres, les lianes et les légumes

Avec cette approche, gagnez de la place, mais aussi optimisez la lumière et diversifiez le type de plantes dont vous pourrez tirer des récoltes.

Plantation d'un mûrier au pied d'un pommier.

VÉGÉTALISEZ LE PIED DES ARBRES

Sous les arbres, en particulier les arbres fruitiers, les conditions ne sont pas défavorables à la culture de plantes utilitaires. Certes, il y a moins de lumière et surtout, moins d'eau disponible pour les autres plantes, puisque les racines de l'arbre en prélèvent une bonne part. Mais quelques légumes (et bien sûr, beaucoup de plantes décoratives) peuvent s'accommoder de ces conditions. L'arbre préserve les plantes les plus sensibles au soleil qu'on installe en dessous, et les plantes entretiennent un sol vivant, bénéfique à la bonne santé de l'arbre. Les plantes de la famille des Papilionacées, comme les haricots grimpants, sont bien adaptées à cette situation, puisqu'elles apportent de l'azote dans le sol. Mais les plantes à racines profondes, comme le fenouil, sont aussi appropriées, comme beaucoup d'aromatiques. Enfin, les légumes et plantes vivaces comme les fraisiers constituent un compagnon idéal pour un arbre fruitier.

BUTTES AU PIED

Pour cultiver des légumes au pied des arbres, façonnez une butte de 10 cm de haut, sauf en terre lourde. Ne travaillez pas la terre, mais creusez juste de quoi installer les plants. Arrosez bien après la plantation et bien sûr, paillez abondamment. Vous pouvez aussi effectuer un semis en place.

Entre les pommiers, des cultures vivaces (artichauts, topinambours) et, entre les rangs, des légumes annuels.

À SAVOIR

Du neuf avec du vieux

Associer divers types de plantes à fruits et des cultures annuelles, voilà qui ne date pas d'hier. Il était d'usage, dans de nombreuses campagnes du Sud, d'alterner les arbres fruitiers avec des pieds de vigne, pour ne pas perdre l'espace entre les arbres (6 m). Et entre les rangs d'arbres et de vignes, on mettait des cultures annuelles (céréales, légumes, etc.) dans cet espace que l'on appelait la « canse ». Les cultures annuelles évitaient de laisser le sol nu entre les rangs d'arbres et de vigne ; chacun donnait à une époque différente. Une vision de la permaculture et de l'agroforesterie avant l'heure !

MARIEZ LES GRIMPANTES À FRUIT

Plantez vos lianes fruitières comme les mûres cultivées mais aussi les kiwis, la vigne et même les exotiques comme la chayotte ou la passiflore au pied de vos arbres fruitiers. Outre le gain de place, le bénéfice se trouve aussi au niveau des alliés du jardin : les deux types de plantes entretiennent une faune mutuellement bénéfique. Pour procéder, commencez par creuser assez profondément au pied de l'arbre, à 40 cm du tronc environ. Le trou doit se faufiler entre les racines principales de l'arbre (qu'il ne faut pas abîmer). Glissez la motte et comblez avec du compost.

JOUEZ DU SÉCATEUR

Si le compagnonnage entre un arbre et une liane à fruit marche bien, il demande un entretien régulier, à raison d'une taille en hiver (taille classique correspondant aux besoins de la liane à fruit). Il faut empêcher les rameaux de la grimpante d'envahir l'arbre.

Essayez la haie fruitière

Typique de la permaculture, ce type de haie est bénéfique à plusieurs titres. Une approche particulièrement utile dans les petits jardins et les endroits où le vent est difficile à maîtriser.

La haie fruitière peut offrir un écran aussi dense qu'une haie classique ; Attention, selon les essences choisies, elle pourrait demander autant de taille qu'un verger. Il faudra miser sur les essences autonomes, plutôt que de penser « verger en rang très serré ». Installez-la à 2 m au moins de la clôture, car ce type de haie ne doit pas être trop contraint.

Pomme 'Melrouge', naturellement résistante aux maladies.

ENTRE LES ARBRES, DES BUISSONS

Le principe de la haie fruitière consiste à planter un alignement d'arbres en les espaçant pour qu'ils ne se gênent pas, soit tous les 3 m au moins. Noyers, grands cerisiers, poiriers et autres essences fruitières de grand développement seront donc à bien espacer. Entre deux arbres, plantez des arbustes fruitiers à raison d'un plant tous les 70 cm environ, voire plus espacés, mais pas plus serrés.
Ces arbustes sont d'autant plus adaptés à la constitution d'une haie fruitière qu'ils sont aptes à rejeter, c'est-à-dire qu'ils peuvent produire des rejetons et épaissir la haie, tout en donnant. Quelques pruniers, les framboisiers et les griottiers (type de cerisier) ont cette capacité.

Étêtage d'un jeune amandier pour limiter sa croissance en hauteur.

Pommier palissé contre un mûr pour gagner de la place.

PEU D'ENTRETIEN

La haie fruitière demande une taille, mais tous les 2 ans au maximum. L'élagage consiste à raccourcir les branches qui empiètent en dehors de la haie. Cette taille est à effectuer au sécateur car à la cisaille ou au taille-haie, le résultat aurait un impact négatif sur la production de fruits. Profitez-en pour couper à ras les branches peu vigoureuses qui encombrent le cœur de la ramure.

JOUEZ LA DIVERSITÉ

Comme pour le potager, la réussite d'une haie fruitière tient à l'hétérogénéité des plantes qui la composent. Les petits fruits (groseilles, cassis et compagnie) recèlent une très grande diversité qu'il vaut la peine d'explorer. Et de toute façon, il ne faut pas miser sur une seule variété à chaque fois, mais sur 2 ou 3, si la place le permet bien sûr.

À SAVOIR

Bonnes plantes pour une haie fruitière

- Arbousier
- Argousier (*Hippophae rhamnoides*)
- Baie de mai (*Lonicera kamtschatica*)
- Cerisier 'de Montmorency'
- Cognassier à fruit
- Cognassier du Japon (fruits comestibles)
- Framboisier 'Autumn Bliss'
- Goumi (*Eleagnus multiflora*)
- Néflier (*Mespilus*)
- Néflier du Japon (loquat)
- Noisetier pourpre
- Pommier 'John Downie'
- Prunier 'Quetsche d'Alsace'

Les usines végétales

Ces végétaux ont la faculté de tant pousser qu'ils servent de matière première pour le reste du jardin. Une bonne façon de faire fonctionner les lieux en circuit moins ouvert, et donc moins polluant…

Amarantes semées en place pour servir d'engrais (les graines sont comestibles).

Peu nombreux, les végétaux que l'on peut qualifier d'usines se distinguent par une croissance rapide après un rabattage et la fourniture d'un matériau organique de bonne qualité, intéressant pour dynamiser la vie du sol. Certains n'épuisent pas le sol car ils possèdent un système racinaire très profond, qui leur permet de remonter des nutriments, parfois depuis plus de 2 m de profondeur, comme la luzerne !

ON COUPE, ÇA REPOUSSE

Ces plantes se récoltent par une coupe sévère, souvent à ras ou en rabattant la moitié des tiges. Elles se reconstituent dans la saison et permettent une deuxième récolte, parfois une troisième, quoique plus timide. Le produit de cette récolte s'emploie, selon les cas, en paillis (avec ou sans broyage) ou en extrait végétal (purins et macérations). Une bonne usine végétale est une plante poussant spontanément dans le jardin et qui se montre particulièrement robuste. On peut bien sûr en planter à cet usage.

LES ENGRAIS VERTS, À NE PAS OUBLIER

Les cultures annuelles que l'on sème là où la terre ne sert pas ont un peu le même rôle que les usines végétales, mais sur une saison seulement.

La moutarde et la phacélie sont les engrais les plus communs mais pas les seuls. En effet, tout ce qui se sème peut servir d'engrais vert : graines de légume en surplus, plantes annuelles d'ornement. Il faut juste que la plante couvre assez le sol et qu'elle ne soit pas vivace pour ne pas repartir l'année d'après. En permaculture, un engrais vert ne s'enfouit pas : il se coupe sur pied et se dépose comme un paillis.

NOS « USINES » PRÉFÉRÉES

Plante	Usage	Remarque
Consoude	Paillis, purins	Choisir 'Bocking 14', très vigoureuse.
Genêt d'Espagne	Broyat	Supporte une taille à ras tous les 3 ans.
Grande fétuque	Paillis	Peut être remplacée par la canne de Provence ou les *Miscanthus* (à broyer).
Saule osier	Broyat	Couper en mars.
Ortie	Paillis, purins	Ratiboiser avant la montée en graines.
Prêle	Paillis, purins	Surtout en complément de paillage.
Luzerne	Paillis, purins	Alternative plus décorative : le galéga.

Récolte d'orties en feuilles.

Prêle destinée au séchage.

Consoude 'Bocking 14', la plus productive.

Les cultures couvre-sol

Nue, la terre ? Jamais ! Que ce soit au potager comme au verger ou dans le reste du jardin, la terre doit être recouverte. Si ce n'est pas par du paillis, ce sera par des plantes couvre-sol.

Un bon couvre-sol a la vertu de s'étaler en largeur sans atteindre une grande hauteur, de 50 cm au maximum. Le bon couvre-sol a aussi la particularité de ne pas voler la nourriture aux plantes plus hautes : il n'entraîne pas de concurrence. Les plantes répondant à ces critères ne sont pas si nombreuses.

AU VERGER

C'est au pied des arbres fruitiers que les couvre-sol sont les moins utilisés. L'herbe folle ne dérange pas les arbres biens installés, au contraire. Elle protège efficacement les racines de l'arbre contre de multiples agressions. Avant que l'arbre ne soit installé, toutefois, il faut lui fournir une protection adaptée et l'herbe, trop vigoureuse, n'est pas le bon compagnon. Les graminées ont une force de succion de l'eau supérieure à celle d'un jeune arbre fruitier. Optez plutôt pour des fraisiers ou des orpins (*Sedum*). Sinon, renoncez au couvre-sol pour les arbres et alimentez le pied avec un paillis de bois broyé composté un an au préalable. Dans tous les cas, l'herbe doit être désherbée sur 2 m de diamètre.

Rangs serrés, limitant l'exposition du sol.

Tapis de fraisier.

Menthe verte, drageonnante.

Oca du Pérou au pied de choux.

AU POTAGER

Les couvre-sol ne doivent pas forcément être vivaces (vivant plusieurs années). Les couvre-sol potagers gagnent à être annuels, puisque la disposition des légumes varie avec le temps. L'oca du Pérou, les capucines, les courges rampantes et tout ce qui court à la surface du sol sans dépasser 40 cm peut servir de couvre-sol. Toutes les cultures potagères ne supportent pas un couvre-sol. Chez les légumes-racines, cela diminue la production. Préférez dans ce cas le compagnonnage entre légumes (voir pp. 52-53).

EN ORNEMENT

Associer des plantes à fleurs qui occupent différentes strates est un classique du jardin, surtout dans les mixed-borders, ces massifs de fleurs vivaces. Les bons couvre-sol supportent de se voir couverts de feuilles mortes à l'automne, qui ne les étouffent pas. La petite pervenche (*Vinca minor*), les géraniums vivaces à petites feuilles, le *Pachysandra* et bien d'autres composent une gamme presque infinie. Un couvre-sol à ratiboiser pour en récupérer de quoi faire un paillis ou un extrait végétal sera un plus.

À SAVOIR

Quelques bons couvre-sol comestibles

- Aspérule odorante
- Chénopode bon-Henri
- Fraise des bois
- Framboisier-fraise (*Rubus illecebrosus*)
- Mélisse
- Menthe
- Oseille vierge
- Patate douce

Les 12 principes de la permaculture

Ils ont été définis par David Holmgren, l'un des principaux auteurs ayant formalisé la permaculture. Ils sont ici illustrés par des exemples d'actions concrètes au jardin.

▸ Observez et interagissez

Notez le nombre d'espèces d'oiseaux (et leurs effectifs) que vous apercevez. **Essayez** diverses méthodes pour attirer les insectes butineurs. **Suivez** la réaction des plantes à qui vous avez prodigué un paillage particulier.

▸ Capturez et stockez l'énergie

Cultivez des engrais verts dans les endroits inutilisés. **Plantez** des végétaux fournisseurs de paillis comme le genêt. **Faites** des réserves de paillis et de matières sèches. **Laissez** la consoude proliférer et **récoltez-la**.

▸ Cherchez le rendement

Sélectionnez des variétés qui donnent de façon sûre et **évitez** les légumes capricieux. **Organisez** vos cultures pour que le sol porte toujours une culture. **Démarrez** les semis en godet en attendant que la place soit prête.

Potager avec transitions.

Du paillis mais pas d'engrais.

Les carottes, une culture à haut rendement.

▸ Autorégulez-vous

Faites-en moins si vous n'arrivez pas à tout suivre ou **allez** plus loin si les choses se passent bien. **Laissez** tomber ce qui ne fonctionne pas. **Simplifiez** ce qui demande trop de travail par rapport à ce que vous en tirez.

▸ Favorisez le renouvelable

Recyclez tous les déchets verts, y compris les tontes de gazon. **Évitez** les achats inutiles. **Proscrivez** les matières non renouvelables (tourbe, lithothamne…). **Choisissez** un matériel électrique plutôt que thermique.

▸ Limitez les déchets

Compostez toutes les matières organiques. **Mettez** les déchets verts à se décomposer au pied des cultures. **N'introduisez** pas de matière polluée au jardin (traverses de chemin de fer, par ex.).

▸ Partez d'un modèle

Inspirez-vous d'un jardin de taille similaire au vôtre. **Furetez** sur les sites des différents réseaux pour voir comment leurs jardins sont organisés. **Échangez** avec les membres d'une association de promotion de la permaculture.

▸ Intégrez plutôt que séparer

Plantez des légumes parmi les fleurs et inversement. **Mariez** les arbres fruitiers aux cultures potagères et aux petits fruits. **Préférez** les haies aux murs. **Cherchez** les bons voisinages là où vous constatez des problèmes.

▸ Préférez les solutions douces et lentes

Utilisez des paillis plutôt que des engrais. **Préférez** les amendements organiques (compost) aux amendements chimiques (soufre) ou minéraux (chaux). **Évitez** les accélérateurs de compostage.

▸ Favorisez la diversité

Cultivez une grande diversité de légumes. **Introduisez** autant de plantes vivaces que vous le pouvez. **Misez** toujours sur plusieurs variétés pour un légume donné plutôt que sur une seule variété.

Potager en cultures morcelées.

▸ Utilisez l'effet lisière

Morcelez les cultures en petits groupes plutôt qu'en grandes masses uniformes. **Abritez** les cultures derrière une haie. **Créez** des îlots de plantation. **Plantez** toujours quelque chose au pied des haies, même décoratif.

▸ Réagissez au changement

Changez les méthodes qui ne fonctionnent pas. **Souvenez**-vous que les saisons deviennent capricieuses. **Essayez** les variétés nouvelles. **Anticipez** la mort d'un arbre ou l'apparition d'un bâtiment mitoyen.

Index